BEI GRIN MACHT SICH IHR WISSEN BEZAHLT

- Wir veröffentlichen Ihre Hausarbeit, Bachelor- und Masterarbeit

- Ihr eigenes eBook und Buch - weltweit in allen wichtigen Shops

- Verdienen Sie an jedem Verkauf

Jetzt bei www.GRIN.com hochladen und kostenlos publizieren

Internet of things. Möglichkeiten, Umsetzung in der Praxis und Bezug zur Industrie 4.0

Julia Gröbl-Püttmer

Bibliografische Information der Deutschen Nationalbibliothek:

Die Deutsche Nationalbibliothek verzeichnet diese Publikation in der Deutschen Nationalbibliografie; detaillierte bibliografische Daten sind im Internet über http://dnb.d-nb.de abrufbar.

ISBN: 9783346269300
Dieses Buch ist auch als E-Book erhältlich.

© GRIN Publishing GmbH
Nymphenburger Straße 86
80636 München

Druck und Bindung: Books on Demand GmbH, Norderstedt Germany
Gedruckt auf säurefreiem Papier aus verantwortungsvollen Quellen

Das vorliegende Werk wurde sorgfältig erarbeitet. Dennoch übernehmen Autoren und Verlag für die Richtigkeit von Angaben, Hinweisen, Links und Ratschlägen sowie eventuelle Druckfehler keine Haftung.

Das Buch bei GRIN: https://www.grin.com/document/937002

FOM Hochschule für Oekonomie &
Management

Studienzentrum München

Studiengang:

Technologie- & Innovationsmanagement

2. Semester

IoT – Möglichkeiten, Umsetzung in der Praxis und Bezug zu Industrie 4.0

Julia Gröbl-Püttmer

Inhaltsverzeichnis

Abbildungsverzeichnisverzeichnis

1 Einleitung

Der Begriff Internet der Dinge oder auch Internet of Things, kurz IoT ist ein sehr populäres Stichwort und verbreitet sich in rasanter Geschwindigkeit in allen Themen- und Arbeitsbereichen weltweit. Für den Verbrauchermarkt, wie auch für die Industrie und weitere Technologiebranchen zählt IoT zu einem der größten Megatrends unserer Zeit. Unter einem technologischen Megatrend wird ein hochkomplexer Vorgang vermutet, aber Internet of Things ist in wenigen Worten erklärbar. Darunter ist die Vernetzung von Milliarden von Geräten mit dem Internet zu verstehen. Weltweit existieren bereits heute schon 8,4 Milliarden untereinander vernetzte Geräte. Diese Zahl wächst exponentiell an und lässt prognostizieren, dass bis im Jahr 2020 bis zu 20,4 Milliarden Geräte miteinander kommunizieren werden (*Gartner*, 2017, o. S.).

Die technischen Voraussetzungen sind hierfür längst gegeben. Die Möglichkeiten durch IoT lassen nun nur erahnen, welche neuen Geschäftsmodelle und Ökosysteme in Zukunft national, wie international geschaffen werden können. Das Internet der Dinge ist also keine vage Vermutung, sondern existiert bereits im Hier und Jetzt (*Bundschuh*, 2018, S. 27-29).

Zu Beginn der vorliegenden Hausarbeit wird der Begriff Internet of Things näher erläutert, sowie ein Einblick in den Systemüberblick gegeben. Folgend werden die verschiedenen Möglichkeiten durch den Megatrend IoT erläutert. Im Speziellen wird der Anwendungsbereich Smart Factory vorgestellt. Hier gibt die Autorin einen Überblick wie IoT in der Industrie 4.0. sinnvoll eingesetzt werden kann. Im nächsten Inhaltspunkt der Arbeit wird auf die Herausforderungen und Hemmnisse von IoT-Projekten eingegangen. Aspekte werden die Sicherheit und Qualität der Daten, die Komponente Mensch und die zeitlichen Ressourcen sein (*Funk, Sayer*, 2018, S. 34). Die Sicherheit im klassischen IT-Sektor ist bereits unumgänglich, aber die entwickelten Systeme für den IoT-Bereich, besonders für die Industrie, werden oft nur am Rande auf Sicherheitsvorkehrungen betrachtet, sogar vernachlässigt (*Rosenau*, 2018, S. 4).

Als dritter maßgeblicher Punkt wird ein IoT-Use Cases beschrieben, analysiert, kritisch betrachtet und weitere Entwicklungsideen gegeben. Der Use-Case handelt von der Optimierung eines Geigenkoffers mittels IoT-Sensorik.

Als Abschluss wird ein Fazit mit kritischer Würdigung zum Thema Internet of Things erstellt, gefolgt von einem persönlichen Resümee der Autorin.

2 Internet of Things

Das Internet der Dinge gilt als ein konsumentenorientiertes Konzept, welches dem Verbraucher die Vernetzung von Produkten und alltäglichen Geräten mit dem Internet ermöglicht. Im Mittelpunkt steht dabei noch eine dritte Komponente: Die Sensorik. Eine beliebige Sensorik, die z.b. Temperatur, Geschwindigkeit oder den Standort eruiert, verknüpft mit einem Netzwerk sowie einem System, welches die Signale von der Sensorik aufnimmt und verarbeitet, bildet das Internet of Things. Durch das Senden von Signalen zwischen Sensor und einem System beispielsweise einem Smartphone, können spezifische Handlungen bzw. Interaktionen ausgelöst werden. Hierbei dreht es sich oft um Alltagsgegenstände, die durch IoT optimiert werden. Das Regeln der Beleuchtung und die Temperatur verschiedener Räume kann durch Sensoren vollautomatisch reguliert werden, ohne, dass sich eine Person vor Ort befinden muss (*SAS Institute GmbH*, o. J., o. S.). Nicht nur das Auslösen von Aktionen, sondern auch das Generieren von Daten, welche fortlaufend ausgewertet werden, bilden einen enormen Mehrwert für die Verbraucher (*Tißler*, 2013, o. S.) Umgedreht profitieren dadurch natürlich auch die Hersteller solcher Produkte. Alltagsgeräte, die mit Prozessoren und Sensoren ausgerüstet sind, sammeln Fakten über die Verwendung, den Standort und den Besitzer. Durch die generierten Informationen ist es den Herstellern möglich, die Services und Leistungen der Geräte zu verbessern. Außerdem ergeben sich mehr und mehr intelligente Services (*Itelligence AG*, o. J., S. 7). Im Bereich der Smart Factory, auch genannt Industrie 4.0 entstehen durch diese Zusatzinformationen positive Aspekte, wie die Verbesserung von Wartung und Nutzbarkeit von Maschinen, z. B. Predictive Maintenance. Oder das Überwachen von Produktionsanlagen durch die eingebaute Sensorik, die automatisch die Techniker alarmiert sobald kritische Messwerte erreicht werden (*SAS Institute GmbH*, o. J., o. S.). Das weltweit agierende Unternehmen Kone, welches sich auf intelligente Gebäude und die Bewegung von Gütern, sowie Personen spezialisiert hat, integriert IoT-Lösungen in ihre Arbeitsabläufe und durch Sensoren ausgerüstete Maschinen. Eine der neuesten Technologien von Kone beschäftigt sich mit der Kommunikation von Aufzügen und Rolltreppen. Das Internet der Dinge ermöglicht eine Vernetzung dieser Maschinen mit Servicetechnikern, die die Möglichkeit haben bei Störungen und Ausfällen direkt Informationen über das technische

Problem zu erhalten und je nach Dringlichkeit zu reagieren. Eine 24/7 Überwachung begünstigt außerdem die Vorhersage von unerwarteten Ausfällen (*Kone GmbH*, o. J., o. S.).

Die nachfolgende Grafik veranschaulich den Systemüberblick von IoT-Vorgängen. Auf der linken Seite der Grafik befinden sich beliebig viele Geräte, die mit Sensoren ausgestattet sind. Dabei kann es sich um Fitnessuhren, Maschinen, Turnschuhe und weitere Dinge handeln. Die Geräte senden über ein Gateway Informationen an die Cloud. Ein Gateway ist ein Netzwerk-Knoten, der als Eingang zu einem anderen Netzwerk fungiert und die Kommunikation verschlüsselt. Auch bekannt als Schnittstelle zu IoT-Geräten. In der Cloud werden die gesammelten Daten verarbeitet und wiederrum an mobile Endgeräte mit Funkverbindung oder welche leitungsgebunden sind, gesendet. So entsteht ein Kreislauf zwischen IoT-Lösungen und der Verbraucher erhält Informationen über Maschinen, Vorgänge oder technische Probleme (*Mörz*, 2018, S. 45).

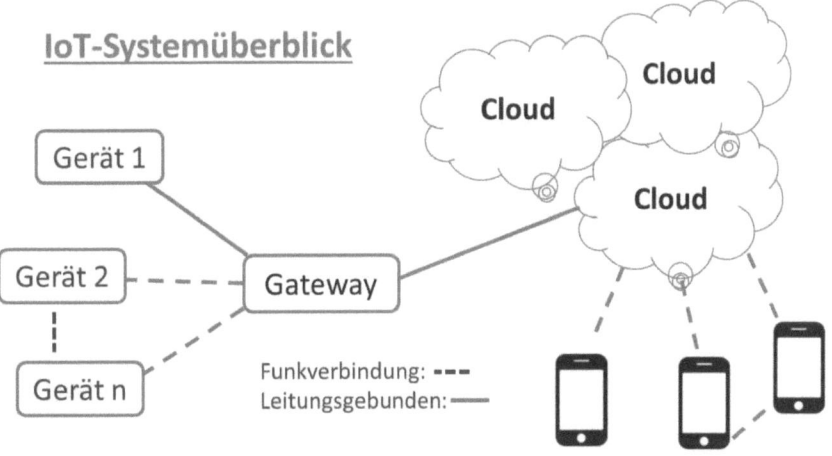

Abbildung 1: IoT Systemüberblick (eigene Darstellung nach *Mörz*, 2018, S. 45).

2.1 Möglichkeiten von IoT

In kürzester Zeit entwickelten sich durch IoT neue Geschäftsmodelle aller Art. Insbesondere Dienstleistungen können durch die Kommunikation zwischen Geräten immer schneller erbracht, sowie optimiert werden. Das ausschlaggebende hierbei sind die erhobenen Echtzeitdaten, welche durch verbaute Sensoren in den Geräten ununterbrochen generiert werden können. Um die Echtzeitdaten von IoT gezielt einsetzen zu können, ist eine Analyse dieser Daten erforderlich. Durch diesen Vorgang wird das gestreamte Datenmaterial in wertvolles Know-how verarbeitet. Die erhobenen Werte durchlaufen spezielle Modelle, sowie Algorithmen zur Analyse. Aufgrund dieses Analyseverfahrens können Eigenschaften, zukünftige Entwicklungen und Schemen der Daten vorhergesagt sowie interpretiert werden. Durch die permanente Kommunikation zwischen IoT-Geräten können stringent Informationen gesendet, empfangen und verarbeitet, noch bevor Sie auf Hochleistungsrechnern oder Cloudlösungen gesichert werden (*SAS Institute GmbH*, o. J., o. S.).

Zwei Bereiche gewinnen durch IoT-Lösungen einen enormen Mehrwert: Zum einen die Optimierung und zum anderen die Verbesserung von Produktfeatures. Durch die Optimierung, auch Effizienzsteigerung genannt, ist es Unternehmen möglich Kosten zu senken. Der Trend geht dahin, dass Unternehmen ihre Geschäfts- und Fertigungsprozesse mehr und mehr automatisieren, eine Fernsteuerung und -überwachung der Produktion sowie für die Optimierung der Transportwege und der Personalkapazitäten anstreben. IoT-fähige Geräte können zudem positiv zur Arbeitszufriedenheit und Produktivität der Mitarbeiter beitragen. Die Entscheidungswege sind kürzer, die Kommunikation ist ausgeprägter und alltägliche Arbeiten können automatisiert werden. Im zweiten Bereich werden die Möglichkeiten gegeben, die bestehenden Produkte und Dienstleistungen durch zusätzliche Features aufzuwerten. Die Produkte werden für den Konsumenten interessanter, bieten einen größeren Mehrwert und der Hersteller setzt sich so meist von einer großen Anbietermasse ab (*Toms*, 2017, o. S.).

2.2 Anwendungsbereiche von IoT

In der Welt von IoT gibt es die unterschiedlichsten Anwendungsgebiete, welche das Transport- und Gesundheitswesen, den Einzelhandel, die Fertigung und Produktion, aber auch die Infrastruktur von Städten maßgeblich beeinflussen. In Smart Cities werden beispielsweise Müllcontainer mit Sensoren ausgestattet, die anzeigen, wann eine Entleerung durch die Müllabfuhr erforderlich ist. Der Sinn der Technologie, egal in welcher Branche sie zu finden ist, ist die Gestaltung einer effizienteren und effektiveren Arbeits- sowie Anwendungsweise (*Microsoft*, 2018, o. S.).

In der vorliegenden Hausarbeit wird speziell auf den Bereich von Industrie 4.0 eingegangen. Unter Industrie 4.0 ist das produzierende Gewerbe zu verstehen, welches sich mit der Verknüpfung von Internet of Things das Ziel gesetzt hat, die Produktion an sich noch effizienter und optimierter über die komplette Wertschöpfungskette von Produkten zu automatisieren. Das Hauptaugenmerk liegt hier auf der Smart Factory. Mittels intelligenten Monitoring- sowie Entscheidungsprozessen soll für Unternehmen die Möglichkeit geschaffen werden, dass diese ihre Handlungsabfolgen sowie Produktionsschritte in Echtzeit verfolgen und beeinflussen können. Dies geschieht durch die Vernetzung von Anwendern, Maschinen und Produktionsabläufen (*Itelligence AG*, o. J., S. 6).

Die Vernetzung wird durch den Einbau von Sensoren ermöglicht, die in Produktionsmaschinen, Fabrikanlagen, Lagerräumen, aber auch in Produkten und Bauteilen integriert werden, um dort spezifische Daten zu erheben, die in Echtzeit Informationen übertragen, Fehler berichten, aber auch den Verbrauch kontrollieren. Es sind keine Grenzen bezüglich der Möglichkeiten von IoT im Bereich der Smart Factory gesetzt (*SAS Institute GmbH*, o. J., o. S.).

Um in der vorliegenden Seminararbeit einen tieferen Einblick in die Industrie 4.0, verknüpft mit dem Internet der Dinge zu geben, wird im nachfolgenden Abschnitt ein Anwendungsbeispiel der Innovation Alliance, ein Verbund von Experten aus der IT-Branche vorgestellt. Der Verbund ist auf deutsche Mittelstandsunternehmen spezialisiert, um gemeinsam mit diesen neue Möglichkeiten der Digitalisierung zu entwickeln (*Innovation Alliance*, o. J. a, o. S.).

Das IoT-Projekt „Machinery Cloud" von Innovation Alliance handelt von einem international agierenden Maschinenanlagenbauer, welcher eigenständige Maschinen bei Kunden an weltweiten Standorten positioniert. Probleme wie eine lokale, in regelmäßigen Abständen erforderliche Wartung der Maschinen, plötzlich auftretende Fehler und ein nicht vorhandener Helpdesk oder Supportdienst erschweren die Arbeitsbedingungen und Strukturen des Anlagenbauers. Diese Anreihung an Komplikationen und erschwerten Prozesse wurde Anlass für Innovation Alliance, dass die Anlagen und Maschinen in eine eigens entwickelte, private Cloud-Infrastruktur integriert werden, um einen stetigen und gefahrenlosen Zugang zu den Daten der Anlagen sowie Maschinen zu erhalten, um diese zu bündeln sowie auszuwerten. Ein weiterer Lösungsansatz ist die Entwicklung eines webbasierten Service-Portals, welcher als zentraler Informations- und Kommunikationsbereich gilt und alle relevanten Daten pro Nutzer transparent wiederspiegelt. Zusätzlich wird eine Cloud-basierte Helpdesk-Architektur mit personifiziertem Zugang aufgebaut (*Innovation Alliance*, o. J. b, S. 1-4).

Die Ziele von „Machinery Cloud" sind zum einen der Zugriff auf den Leitrechner, um Anlagendaten abzubilden, eine Optimierung der individualisierten Handhabung und Wartung der Anlagen, die Bereitstellung neuer Services für die Nutzer, sowie ein individuelles Dokumenten-Management zur Abbildung von Verträgen, Dokumentationen und Statistiken. Außerdem wird ein Live-Chat mittels Bild- und Videoübertragung möglich sein. Für den weltweit agierenden Anlagenbauer ergeben sich verschiedene Mehrwerte im Bereich Support, Produktion, aber auch im Bereich der Kundenbindung- und Zufriedenheit. Alle Maschinen- und Anlagendaten sind jederzeit, sowie überall mit einem Knopfdruck auf jedem digitalen Endgerät abrufbar. Auch kann eine interaktive Zusammenarbeit von allen Anlagen und Maschinen auf einer Plattform stattfinden. Durch das ununterbrochene Monitoring der Geräte können die Ausfallzeiten gering gehalten werden. Auch die frühzeitige und routinierte Wartung wird die Nutzung der Anlagen, sowie Maschinen aufrechterhalten und unvorhergesehene Ausfälle vermeiden. Durch das individuelle Maschinenmanagement wird die Betriebsauslastung optimiert und eine effiziente Arbeitsweise ermöglicht (*Innovation Alliance*, o. J. b, S. 1-4).

2.3 Hemmnisse und Herausforderungen von IoT

„IoT offers major opportunities for industrial companies, but only if you handle them right."

(*Lüers, Waltl, Becker, Houta,*, 2017, S. 1)

Das Zitat von Roland Berger aus dem Jahr 2017 verweist auf die enormen Möglichkeiten von Industrial Internet of Things für Unternehmen im industriellen Sektor. Das Zitat lässt sich auf alle Anwendungsbereiche von IoT ausweiten und beschränkt sich nicht nur auf die Smart Factory (*Lüers, Waltl, Becker, Houta,* 2017, S.1). Generell ist eine intelligente Strategie bei der Umsetzung von Internet of Things notwendig. Zusätzlich müssen die Faktoren, die bei der Entwicklung von Lösungen benötigt werden, ausreichend berücksichtigt werden (*Patel, Shangkuan, Thomas,* 2017, S. 7).

Fokus liegt auf Ergebnissen (nicht auf Technologie)

Sowohl Entwickler, als auch Geschäftsführer konzentrieren sich oft auf das technologische Potenzial von IoT-Lösungen, einschließlich der Fähigkeit, riesige Mengen an Daten zu sammeln und zu analysieren. Doch allein der technologische Fortschritt wird eine IoT-Anwendung für die Kunden nicht wertvoller oder interessanter wirken lassen. Im Gegenteil sollten sich die Entwickler auf die Ergebnisse und deren Mehrwert konzentrieren. Wie können die neuen IoT-Anwendungen die Sicherheit verbessern, den finanziellen Umsatz steigern oder Prozesse vereinfachen, sodass sich der Aufwand für den Anwender minimiert. Beispielsweise die Überwachung von Maschinen, die Bereitstellung von Echtzeitdaten, das Alarmieren bei aufkommenden Problemen, oder das Zugreifen auf erhobene Daten von beliebigen Devices (*Patel, Shangkuan, Thomas*, 2017, S. 7).

Emotionale Bindung durch Design

Die IoT Innovatoren und Technologie-Entwickler setzen den Fokus verstärkt auf Marketing Maßnahmen, wie verbesserte Sensorik, höhere Rechenleistungen und neuste Produktverbesserungen. Erfahrungen haben gezeigt, dass dem Endkunden die emotionale Bindung zu Geräten wichtiger erscheint, als die Industrielle Weiterentwicklung. Produkte, wie die Smart-Home Anwendung „Alexa", die eine grundlegende Kommunikationsfähigkeit anbietet und auf einen spezifischen Namen reagiert, baut eine höhere, emotionale Bindung zum Kunden auf. Aufgrund der geschaffenen, emotionalen Beziehung zwischen Nutzern und Devices, könnte diese mitverantwortlich sein für den starken Absatz von sprachbasierten Produkten (*Patel, Shangkuan, Thomas*, 2017, S. 7).

IT-Sicherheit

Ein Aufrüsten der IoT-Anwendungen ist bereits im vollen Gange. Aufgrund der Popularität von IoT und der geringen Integrationskosten fühlen sich viele Betreiber motiviert, teilweise sogar gezwungen IoT in die Maschinen, Anlagen und Endgeräte einzubauen. Dabei wird oft der Aspekt der IT-Sicherheit im IoT-Markt und dem industriellen IoT stark vernachlässigt. Meist sind veraltete Maschinen an das heutige Internet angebunden und müssen eine beachtliche Menge an diversen Angriffen aus dem Internet bewältigen. Die Cyberkriminalität ist unerwartet schnell angewachsen und sorgte im Jahr 2017 für einen Schaden in Höhe von 70 Milliarden USD in den sieben Hauptländern (US, DE, JP, UK, FR, IT, AU). Nicht nur materielle sondern auch immaterielle Schäden, wie der Verlust von Reputation, oder ein Markenimageschaden können mit einer mangelnden IT-Sicherheit einhergehen. Um der Angreifbarkeit entgegenzuwirken, ist es wichtig, dass der Sender sowie Empfänger gegenseitig mit wirksamen, klar definierten Kennungen sich einloggen, um eine vertrauliche Datenübertragung zu gewährleisten und somi die Glaubwürdigkeit besteht (*Rosenau*, 2018, S. 4-9).

Faktor Mensch

> „So wie das Internet die Art und Weise, wie Menschen miteinander interagieren, verändert, so verändern IoT-Plattformen die Art und Weise, wie wir mit Maschinen interagieren."

> (*Lüers, Waltl, Becker, Houta,*, 2017, S. 2).

Das Etablieren und der Umgang mit neuen Technologien bedeutet für Unternehmen, aber auch Konsumenten ein zeitlicher Aufwand und benötigt das Engagement sich mit den neuen Gegebenheiten auseinanderzusetzen. Oft sind fehlende zeitliche Ressourcen, eine hohe Auftragsdichte über das gesamte Jahr und die Auslastung im operativen Tagesgeschäft hemmende Faktoren, die dazu führen, dass das Internet of Things nicht umfassend etabliert werden kann. Zudem sind Kompetenzen im Bereich der IT erforderlich, um eine tägliche Nutzung möglich zu machen. Den meisten Unternehmen fehlen diese Talente und haben sich nicht auf die Förderung von Nachwuchskräften im IT-Wesen spezialisiert. Die Gefahr besteht, dass das Wissen bei einer Person gebündelt ist. Sobald ein Krankenstand auftritt oder ein längerer Urlaub geplant ist, steht das Know-How nur eingeschränkt oder begrenzt zur Verfügung. Das integrieren IoT-basierter Anwendungen verändert oftmals auch die Gegebenheiten der bisherigen Aufgabentätigkeiten von Mitarbeitern. Die Arbeitsweisen- sowie Schritte, gewohnte Vorgaben und Routinen werden sich mit neuen Technologien verändern und erfordern Zusatzaufwand der Mitarbeiter. Tiefgreifende und komplexe Veränderungsprozesse sind notwendig, um ein zukünftiges, innovatives und effizientes Arbeiten mit IoT zu gewährleisten. Nicht selten treten bei diesem Wandel gewisse Widerstände der Belegschaft auf, die es abzumildern gilt. Ein Angebot an Schulungen und eine Möglichkeit der Weiterbildung für alle ist hier sinnvoll. Das Arbeiten mit IoT-Anwendungen soll zur Selbstverständlichkeit werden. Dafür bedarf es ein gut durchdachtes Changemanagement-Konzept, abgestimmt auf die individuellen Bedürfnisse der Mitarbeiter und Ziele des Unternehmens (*Funk, Sayer*, 2018, S. 34).

3 IoT Use Case: Der intelligente Geigenkoffer

Im dritten Abschnitt der Seminararbeit wird der Use Case „Der intelligente Geigenkoffer" vorgestellt. Zuerst wird eine Beschreibung des Koffers und der ebenso wichtigen App „Gigs by Bam" mit ihren verschiedenen Anwendungsmöglichkeiten, stattfinden. Derzeit ist die App noch nicht veröffentlicht, wird aber ab Ende 2018, Anfang 2019 im App Store, sowie Google Playstore zum Download zur Verfügung stehen. Im Anschluss wird eine Analyse des IoT Use Cases vorgenommen. Es werden die ausschlaggebenden Informationen des Cases herausgearbeitet sowie einige Vor- und Nachteile der Anwendung beleuchtet. Zudem werden verschiedene Features der bestehenden IoT-Anwendung weiterentwickelt, die das Produkt in Zukunft für Musiker und Unternehmen noch interessanter in Erscheinung treten lässt Abschließend folgt eine kritische Betrachtung des Geigenkoffers sowie der Applikation. (*Mohr, Hauck, Goetz*, 2018, 35).

3.1 Beschreibung

Der smarte, innovative Geigenkoffer des bekannten französischen Traditionsunternehmens BAM beinhaltet verschiedene Sensoren, die das Produkt zu einer Internet of Things-Anwendung werden lässt. Verschiedene Möglichkeiten, wie die Ortung des Koffers, sowie die Messung der Werte von Temperatur und Feuchtigkeit sind längst keine Zukunftsmusik mehr. Das Musikinstrument kann durch den Koffer stets mittels der App, welche auf das Device des Nutzers geladen wird, überwacht und via Standort getrackt werden. Für Musikinstrumente aus Holz ist es besonders wichtig, dass die richtigen Bedingungen von Temperatur und die Luftfeuchtigkeit im Geigenkoffer herrschen, sodass diese keinen Schaden nehmen. Die Gehäuse der Etuis sind mit sensiblen Sensoren und SIM-Karten ausgerüstet, die mittels mobile connectivity data roaming sämtliche Daten in die BAM-App einspeisen können. Der Vorgang ist in Kapitel 2, im IoT-Systemüberblick detailliert erklärt. Die App „Gigs" ermöglicht dem Inhaber des Musikinstruments sein Instrument ständig Tracken zu können, aber auch weitere eingebaute Features zu nutzen. Beispielsweise können sich über die Applikation ganze Orchester, Chöre oder Bands mit einer großen Anzahl an Mitwirkenden, organisieren. Außerdem stellt „Gigs" ein integrierten News-Feed, ein Chat sowie ein Veranstaltungskalender bereit. Hier können Proben, Konzerte und Auftritte geplant und organisiert werden. Medien, wie Fotos, Videos und Aufnahmen werden über die App problemlos geteilt und können empfangen werden. Jeder Nutzer von „Gigs by BAM" hat ein eigenes Mitgliederprofil, um sich selbst zu verwalten. Sogar Schüler und Lehrerbereiche werden gesondert angeboten, um Informationen nur für bestimmte Mitglieder bereitzustellen (*Mohr, Hauck, Goetz*, 2018, 36-38).

Das Schaubild zeigt einen Screen aus der App „Gigs by BAM", indem der Standort des Koffers sowie die Werte Feuchtigkeit, Temperatur und Akkulaufzeit zu entnehmen sind. Weitere Informationen, wie Name und ID zum Instrument sind außerdem ersichtlich (*Mohr, Hauck, Goetz*, 2018, 35).

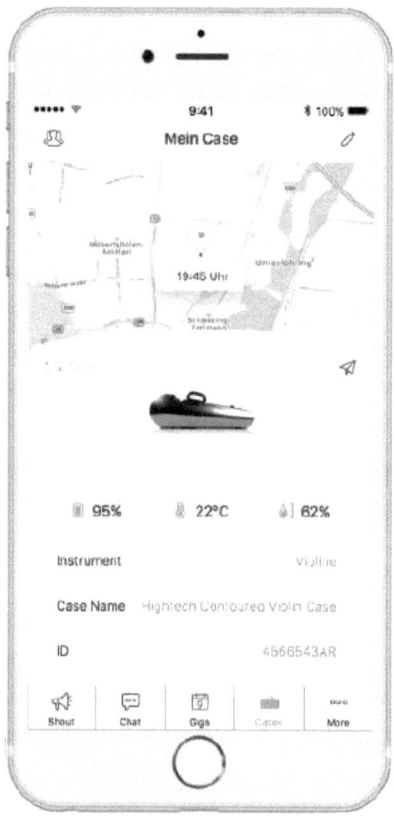

Abbildung 2: Ausschnitt App „Gigs by BAM" – Mein Case, (Mohr, Hauck, Goetz, 2018, S. 35).

3.2 Analyse

Die im Kapitel 3.1 vorgestellte IoT-Lösung wird nun anhand von Vor- und Nachteilen durch die Autorin beleuchtet, gefolgt von Weiterentwicklungsideen. Der moderne und innovative Orchester-Organizer mit diversen Features, wie einer Chatoption, Newsfeed und die Möglichkeit Fotos, Videos und mehr teilen zu können, lässt die App „Gigs by BAM" gerade bei jungen Musikern sehr attraktiv erscheinen und baut eine positive Verbindung zum traditionellen Kofferhersteller BAM auf. Zudem ist es sehr einfach und bequem den Geigenkoffer über das Smartphone oder das Tablet zu überwachen. Gerade auf Reisen ist es für Musiker oft schwer ihre Koffer im Blick zu behalten und auf die Temperatur sowie Feuchtigkeit während Transports zu achten. Bei aufkommenden Schäden, Verlust oder Diebstahl nach einer Reise oder einem Konzert ist es möglich die gesammelten Daten der App, als Dokumentationsgrundlage gegenüber Versicherungen als Beweise zu verwenden. Allein zu wissen, dass der Instrumentenkoffer mit Sensoren und einer App verbunden ist, schreckt vor Diebstahl ab. Ein weiterer Vorteil ergibt sich für Unternehmen, Musikinstitute oder -Schulen, die Big Data betreiben oder diese Informationen kaufen. Zum Beispiel, wie oft die Instrumente in Gebrauch genommen werden oder an welchen Standorten sie sich gehäuft befinden. So können an gezielten Orten Shops für Musikzubehör positioniert, Unterricht oder Konzerte angeboten werden. Für den Nutzer selbst ergeben sich Vorteile, wie die Steigerung der Nutzungsdauer der Instrumente, indem die Saiten und der Korpus der Instrumente durch die optimal regulierte Luftfeuchtigkeit, sowie Temperatur, überwacht werden. Somit ist auch die Qualität des Spielerlebens für den Musiker selbst gesteigert.

Nachteile, wie eine ständige Überwachung der Musiker, Systemausfälle der Sensorik oder Hackerangriffe verbunden mit Ortung und Diebstahl sind nicht zu vernachlässigen. Außerdem stellt sich auch die Frage gegenüber Versicherungen, wer im Schadensfall die Schuld trägt, sofern ungenügend Daten zur Aufklärung vorliegen. Der Einbau von Sensorik in die Geigenkoffer und die Nutzung der App lassen Kosten entstehen, die meist unbekannte oder junge Musiker nicht selbst tragen können. Oft wird dann nach Alternativen gegriffen, die sie zu Außenseitern werden lassen. Ein weiterer Nachteil ergibt sich durch den Einbau von schwerer Technik und Sensorik in den Geigenkoffer, die zusätzlich auf Reisen transportiert werden muss. Des Weiteren benötigen die Sensoren eine Netzverbindung und genügend Akku, um Daten zu transportieren. In Flugzeugen oder Räumen ohne Datenverbindung ist eine Überwachung des Koffers durch dich App selbst nicht möglich. Ideen zur Weiterentwicklung des Koffers, kann ein Sturzsensor sein, welcher bei auffällig starken Bewegungen einen Alarm in der App auslösen kann. Ein weiterer Sensor kann der Saitenwartungsmesser sein, der die Saiten des Musikinstrumentes auf Qualität regelmäßig prüft. Zusätzlich können in die App „Gigs by BAM" noch weitere Features, wie ein Onlineshop oder das Teilen des Standorts mit Musikfreunden integriert werden.

3.3 Kritische Würdigung

Anknüpfend an die aufgezeigten Vor- und Nachteile des intelligenten Geigenkoffers und der zugehörigen Applikation, folgt in Kapitel 3.3 eine kritische Würdigung des Use Cases. Zuletzt werden mögliche Ideen zur Weiterentwicklung durch die Autorin erörtert, die den intelligenten Geigenkoffer in Zukunft noch attraktiver erscheinen lassen können.

Als eine der größten Herausforderungen des intelligenten Geigenkoffers erscheint die Sicherheit bzw. Beständigkeit der Netzqualität. Sobald eine Unterbrechung des Datenflusses aufgrund von Netzproblemen herrscht, sind sämtliche Funktionen der App nur eingeschränkt anwendbar oder sogar komplett deaktiviert. Während dieser Zeit bringt die App für den Endkunden einen nur eingeschränkten Nutzen mit sich und weist Schwachstellen, wie eine fehlende Lokalisierung des Koffers, auf. Ein weiterer gegenläufiger Faktor können die Fluglinien und deren neue Bestimmungen werden, die in Zukunft vielleicht nur eingeschränkt ein Transport von Geigenkoffern mit integrierten Akkugeräten in den Flugzeugen erlauben. Ein nicht fest integrierter Akku im Geigenkoffer ist aus diesen Gründen empfehlenswert. Ein weiterer kritischer Punkt der IoT-Anwendung besteht darin, dass ausschließlich die Geigenkoffer mit Sensorik ausgestattet sind, aber nicht die Musikinstrumente selbst. Die Gefahr besteht, dass bei einem Diebstahl das Instrument entwendet wird und der Geigenkoffer mit der Sensorik zurückgelassen wird. Da die Sensorik meist zu schwer ist und das Spielen des Musikinstrumentes durch den Einbau beeinflusst werden würde, ist ein zusätzliches Schloss, welches mit regelmäßig wechselnden Zahlencodes über die App geöffnet werden kann, empfehlenswert. Auch kann die Stromversorgung absichtlich unterbrochen werden, um so das Instrument einfacher zu entwenden und so keine Ortung stattfinden kann. Eine Art Powerbank, als Akkulieferant auf längeren Wegstrecken kann eine weitere Option der Sicherheit darbieten.

4 Fazit und Ausblick

Abschließend lässt sich feststellen, dass ein effizienteres sowie flexibleres Arbeiten und Leben durch das Internet der Dinge ermöglicht werden kann. IoT wirkt sich in vielen Lebensbereichen enorm aus und schafft eine permanente Vernetzung der Welt mit all ihren Bewohnern und Geräten untereinander. Ein stetiger Austausch bedeutet natürlich auch, dass alle Nutzer und Objekte Transparenz schaffen und Informationen bereitstellen. Sensoren, egal ob klein, groß oder unsichtbar, senden und empfangen Informationen über den Standort, die Art der Anwendung, die Qualität, aber können auch unmittelbar Situationen deuten und Impulse darauf senden. Die Vielfalt an Möglichkeiten ist unbegrenzt und bedient sich dem stetigen Fortschritt der Technik (*Mattern*, 2005, S. 39).

Nach umfangreicher Beleuchtung von Internet der Dinge, ist das Thema Datensicherheit essentiell wichtig und bedarf einer kritischeren Betrachtung. Einhergehend mit positiven Aspekten von IoT, entwickeln sich genauso rasant Gefahrenquellen, die in Zukunft nicht unberücksichtigt bleiben werden. Verbrechen, wie Datendiebstahl, Hackerangriffe, unbefugte Lokalisierung von Personen oder Verschaffung unautorisierter Zugänge zu Bankkonten sind nur eine kleine Auswahl an negativen Auswirkungen von Sicherheitslücken. Um Internet of Things in Benutzung zu nehmen, egal ob als User oder Unternehmen, ist eine umfangreiche Aufklärung, mit all ihren Risiken, aber auch Chancen erforderlich. Für Unternehmen jeder Branche kann IoT neue Geschäftsfelder entwickeln, aber auch bereits bestehende optimieren. Zusammenfassend ist es wichtig, dass Endverbraucher, wie auch Unternehmen ihren persönlichen Mittelweg finden, wie IoT-Anwendungen in den beruflichen oder privaten Alltag integriert werden können und wie hoch die Bereitschaft zur Transparenz abgewogen an den Vorteilen von IoT ist.

Literaturverzeichnis

Bundschuh, Thomas (2018): Asset Management. Die Zukunft im Portfolio, in: Mittelpunkt, Das Magazin der Bayern LB, 02 (2018), S. 27-29

Funk, Klaus, Sayer, Alexander (2018): Digitalisierung und Industrie 4.0: Möglichkeiten im Land Bayern, in: ZD.B, Zentrum Digitalisierung Bayern, S. 34. [Nicht veröffentlicht]

Rosenau, Dirk (2018): Die Vorteile eines Hardware-Sicherheitsmoduls in industriellen IoT-Anwendungen, in Francotyp-Postalia Whitepaper (Hrsg.), Berlin (2018), S.1-19

Itelligence AG (o. J.): IoT (Internet of Things) Wörterbuch, Einfach erklärt: Die wichtigsten Begriffe zu Internet of Things und Industrie 4.0, NTT Data Business Solutions (Hrsg.), Heilbermoos (o. J.), S. 1-15

Lüers, Martin, Waltl, Josef, Becker, Lorenz, Houta, Hossam (2017): Mastering the Industrial Internet of Things (IIoT), München: Roland Berger Focus, (09-2017), S. 1-15

Mattern, Friedemann (2005): Die technische Basis für das Internet der Dinge, in: *Fleisch, Elgar, Mattern, Friedemann* (Hrsg.), Internet der Dinge, Berlin: Springer, 2005, S. 39-66

Mohr, Jürgen, Hauck, Joachim, Goetz, Robert (2018): Vodafone IoT & BAM Cases. Von Connectivity zum intelligenten Asset Tracking, S. 2-39. [Nicht veröffentlicht]

Mörz, Matthias (2018): Angewandte Forschung und Entwicklung im Bereich IoT, Hochschule Coburg, S. 45. [Nicht veröffentlicht]

Patel, Mark, Shangkuan, Jason, Thomas, Christopher (2017): What's new with the Internet of Things? McKinsey & Company, (05-2017), S. 1-8

Internetquellen

Gartner (2017): Gartner Says 8.4 Billion Connected "Things" Will Be in Use in 2017, Up 31 Percent From 2016, <https://www.gartner.com/newsroom/id/3598917> (2017-02-07) [Zugriff 2018-07-22]

Innovation Alliance (o. J. a): Innovation Alliance. Wir sind die Innovation Alliance, <https://www.innovationalliance.de/> (keine Datumsangabe) [2018-07-22]

Innovation Alliance (o. J. b): Machinery Cloud. Wenn sämtliche Daten von Maschinen oder Anlagen weltweit nur einen Klick entfernt sind. <https://www.innovationalliance.de/wp-content/uploads/2017/02/s7_IA_ENTIRETEC-Case_Machinery-Cloud.pdf> (keine Datumsangabe) [2018-07-21]

Kone GmbH (o. J.): Wenn Aufzüge und Rolltreppen reden…, <<u>https://www.kone.de/be-</u><u>standsgebaeude/service-wartung-aufzug-rolltreppe-automatiktuer/dialog-kunden-</u><u>dienst/24-7-connected-services.aspx</u>> (keine Datumsangabe) [2018-07-17]

Microsoft (2018): Internet der Dinge. Wenn Sie Ihr Unternehmen im IoT vernetzen, sind die Möglichkeiten beinahe endlos, <<u>https://www.microsoft.com/de-de/internet-of-</u><u>things/</u>> (keine Datumsangabe) [2018-07-15]

SAS Institute GmbH (o. J.): Das Internet der Dinge: Vom Spielfeld zum Geschäftsfeld, <<u>https://www.sas.com/de_de/insights/big-data/internet-of-things.html</u>> (keine Datumsangabe) [Zugriff 2018-07-21]

Tißler, Jan (2013): Praktische Beispiele für das Internet der Dinge. UPLOAD Magazine, <<u>https://upload-magazin.de/blog/7086-internet-der-dinge-beispiele/</u>> (2013-06-17) [Zugriff 2018-07-22]

Toms, Lea (2017): Die Herausforderungen und Chancen im Internet of Things. Global Sign, GMO Internet Group <<u>https://www.globalsign.com/de-de/blog/die-heraus-</u><u>forderungen-und-chancen-im-internet-of-things/</u>> (2017-03-14) [Zugriff 2018-07-22]